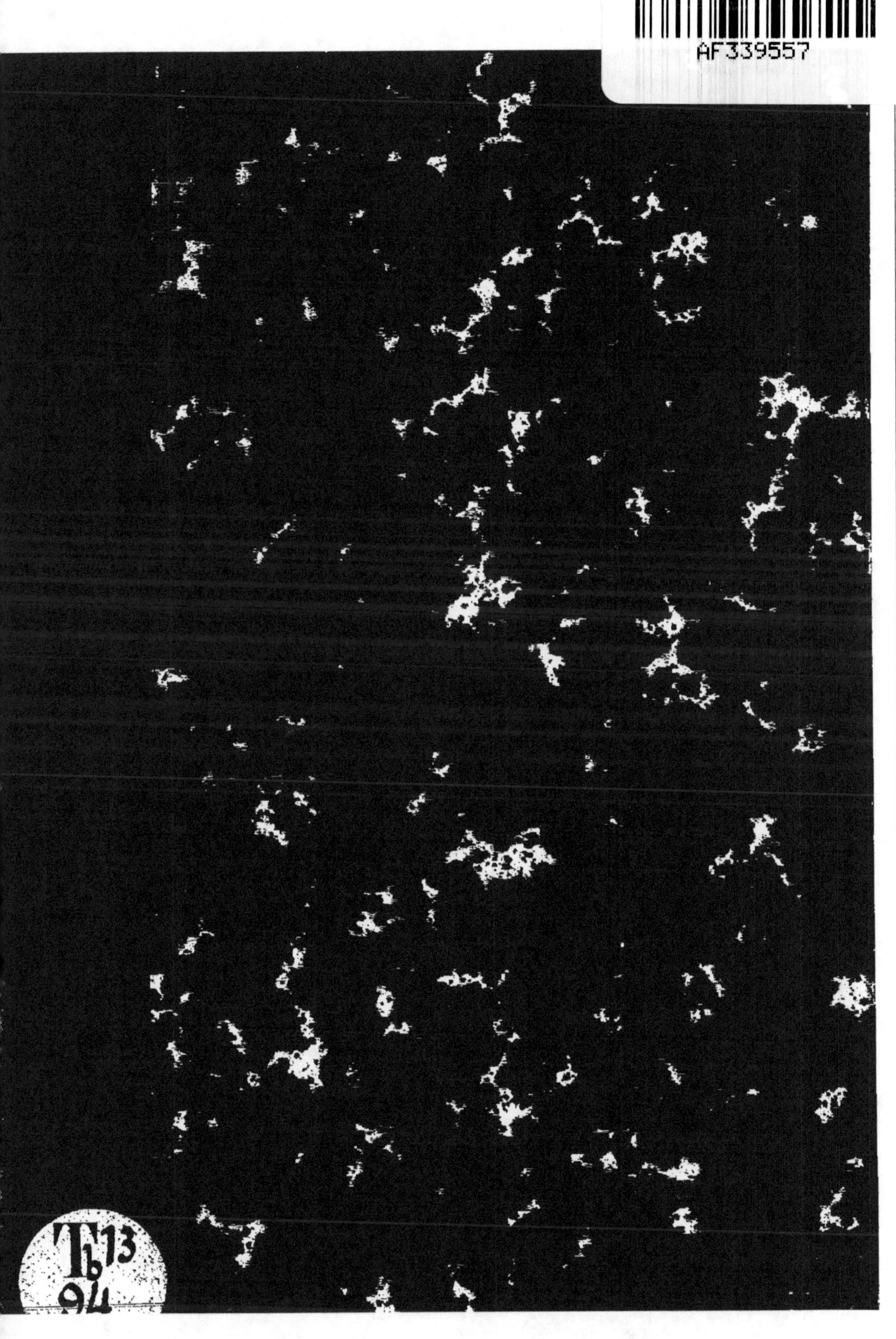

COURS D'ANTHROPOLOGIE

APPLIQUÉE

A L'ENSEIGNEMENT DES BEAUX-ARTS

— · —

DISCOURS D'OUVERTURE

PRONONCÉ LE 30 MAI 1869

A L'ÉCOLE IMPÉRIALE DES BEAUX-ARTS

PAR

CHARLES ROCHET

— · —

PARIS

LIBRAIRIE DE Vᵉ JULES RENOUARD

ÉTHIOU-PÉROU, DIRECTEUR-GÉRANT

6, RUE DE TOURNON, 6

—

1869

COURS D'ANTHROPOLOGIE

DISCOURS D'OUVERTURE

Messieurs,

C'est toujours une entreprise difficile que celle qui consiste à dire ce qui n'a pas encore été dit, à enseigner ce qui n'a pas encore été enseigné ; il semble qu'on ait tout dit aux hommes et que celui qui fait un enseignement quelconque n'ait plus qu'à répéter ce que d'autres ont fait avant lui. Oui, il en est ainsi pour toutes les choses peut-être, mais non pour ce qui tient à l'Homme. L'Homme est le seul des produits de la Nature qui n'ait pas encore été l'objet d'une étude sérieuse et d'un enseignement réel et complet. A quoi cela tient-il?... Oh! ne me le demandez pas, car la réponse à faire serait la critique la plus amère, l'examen le plus cruel de la conduite des hommes ; n'abordons pas ce grave sujet, qui réveillerait les plus émouvantes questions de toute l'histoire, si singulière et si triste de l'humanité ; n'y touchons pas, n'y touchons jamais.

D'ailleurs, ce ne serait d'aucune espèce d'utilité pour le sujet que nous allons étudier ; nous devons observer l'Homme au point de vue de ce qui convient à l'artiste. Ce travail seul est déjà suffisamment considérable, et de plus, il est infiniment plus attrayant. Et puis, que pourraient faire nos récriminations, ajoutées à tant d'autres, sur les fautes commises dans le passé : ne savons-nous pas assez ce qu'il en est de tout cela? n'y a-t-il pas déjà deux mille quatre cents ans que la formule de notre science a été trouvée, cette formule devenue aujourd'hui la devise de tout naturaliste humain? Du jour où le premier physicien grec, Thalès, a eu dit son mot, et que cet apophthegme fameux du philosophe a été gravé sur le frontispice du temple de Delphes, dès ce jour l'anthropologie était comprise et les travaux de la science pouvaient être regardés comme commencés.

Γνῶθι σέαυτον, disait-il aux hommes de son temps. *Connais-toi toi-même*, se répétait chacun, comme une parole sortie du fond de sa conscience. — Oui, connais-toi, Homme ; apprends d'abord ce que tu es, tâche de comprendre ce qu'est ta propre nature, et tu pourras ensuite concevoir des projets et marcher d'un pas ferme dans la voie des destinées que Dieu t'a tracées sur cette terre.

A ces paroles du sage, à ce défi sans exemple jeté à la face de l'humanité, et d'une humanité cruelle et barbare comme elle existait en ces temps-là, qu'a-t-il été répondu ? Rien, absolument rien. Et la voix du savant, du philosophe, du penseur, n'a jamais pu se faire entendre depuis : *sa parole dite* a été étouffée sous le bruit des armes toujours retentissantes ou sous les murmures plaintifs des victimes des temps; *sa parole écrite*, déposée sur de simples feuilles, a été emportée par le vent ou jetée dans le gouffre dévorant où sont venues s'engloutir tant de cités splendides, tant de générations d'hommes.

Pendant vingt siècles de l'histoire connue, l'Europe a été le théâtre de luttes meurtrières, de guerres de religion, de conquêtes stériles, qui ont bouleversé les races, entremêlé les peuples, confondu les idées, et le sang humain s'est répandu sur le sol comme s'il sortait d'une plaie béante qu'aucun pansement ne pût étancher.

Une lueur s'est faite à la longue, un météore est apparu sur ce champ de ténèbres et de deuil et est venu tout à coup l'illuminer. C'est à l'époque radieuse que nous avons qualifiée du nom de RENAISSANCE. La Renaissance des lettres et des arts, qui devait être celle aussi de la science et de la vie chez l'Homme. Ah ! saluons ce grand jour, Messieurs, cette époque à jamais mémorable, où l'on a vu quelques hommes seulement, s'appuyant sur les premiers essais de la typographie naissante, se mettre, avec une énergie inconcevable, à déchiffrer tous les textes, les traduire, les multiplier à l'infini, et les répandre comme des trésors de lumière sur nos pères qui en furent éblouis. Toutes ces merveilles enfouies depuis tant de siècles tombaient sur le monde comme une rosée bienfaisante qui vient vivifier un sol desséché ; c'est de ce moment, il faut le dire, qu'est sortie la vie réelle de nos sociétés modernes.

La science de l'Homme devait à son tour renaître avec la résurrection des œuvres des Aristote, des Platon, des Lucrèce, des Hippocrate, des Galien, et à côté de ces chefs-d'œuvre de la science l'art étalait aussi ses chefs-d'œuvre, comme pour mieux montrer ce qu'avait été ce grand peuple qui venait encore une fois sauver l'humanité et lui tracer la route à suivre.

A cette ère nouvelle des quinzième et seizième siècles, les plus savants médecins, les plus grands anatomistes luttaient d'efforts avec nos artistes pour renouer le fil trop longtemps rompu des traditions passées ; mais, malheureusement pour notre science de l'Homme, le moment n'était pas venu de pouvoir profiter de ce généreux entraînement.

Tout était à refaire, et le plus grand désordre, la plus complète confusion régnaient dans les études comme dans la direction à donner aux travaux. Il faut de l'ordre, Messieurs, et infiniment d'ordre, quand il s'agit de constituer l'étude des sciences.

On dut d'abord commencer par les mathématiques, puis les sciences physiques et chimiques, qui nous donnent les éléments de la vie des Êtres. Et après, quand le moment fut venu d'aborder l'étude des corps vivants, on commença par la science des plantes, qui fut la première à se constituer avec Tournefort, Linné et Jussieu. Ensuite vint celle des animaux, plus difficile et plus compliquée, avec Buffon, Cuvier et de Blainville.

Aujourd'hui que toutes ces sciences ont posé leurs fondements d'étude et fixé leur méthode, le moment est venu d'aborder la science de l'Homme ; lui, ce résumé de toutes choses, cette conclusion de tous les Êtres, ce terme final de l'œuvre de Dieu, comme il doit l'être aussi des travaux des hommes.

Voilà où nous en sommes aujourd'hui ; les hommes, après avoir franchi toutes les étapes de l'étude des Êtres, vont s'attaquer directement à l'Homme. C'est une belle époque pour ceux qui sont jeunes et qui voudront se livrer à ce genre d'étude, une époque suprême et qui fera date dans l'histoire de l'humanité.

Aussi que voyons-nous déjà ? Partout on est à l'œuvre, partout, sur tous les points du monde civilisé, on fonde des centres de travail et d'action, on épie la Nature, on l'interroge sur l'Homme, on lui demande ses secrets ; et sitôt qu'on en obtient une réponse, on se la transmet de tous les côtés et dans toutes les langues ; on fouille le sol de toutes parts pour connaître ce qu'a été notre passé et voir comment nos ancêtres des temps les plus reculés ont pu vivre sur cette terre, s'y maintenir et parvenir jusqu'à nous.

Les choses en sont là ; nous sommes entraînés, poussés par une force invincible qui nous conduit malgré nous vers la connaissance de nous-mêmes ; nous nous sentons dévorés par le génie tentateur de la curiosité, nous voulons savoir, par ce que nous avons été, ce que nous sommes réellement et ce que nous serons un jour ; nous nous trouvons assez de grandeur, assez de virilité dans l'âme pour écouter sans crainte la voix de la vérité et supporter, quelle qu'elle soit, la destinée que sa parole nous révélera. Nous nous y conformerons comme à un arrêt suprême, confiants que nous sommes dans la grande œuvre de Dieu et dans les décisions de la science.

La science ! mais n'est-ce pas la reine du monde aujourd'hui, la grande souveraine qui commande partout, en vertu du droit qu'elle s'est acquis par les services qu'elle a rendus et les merveilles qu'elle a créées ? Quel est celui qui peut dire que la plus grande partie de son bien-être, il ne le doit pas à la science ? Le premier homme à présent n'est-ce pas le plus savant ? la première des nations n'est-elle pas la plus instruite ? Jugez par là de ce qu'est la science et du rôle qu'elle joue dans l'humanité.

L'anthropologie va donc se former à son tour et grandir aussi de toute l'importance des services qu'elle va nous rendre ; elle a déjà brisé des entraves que l'ignorance et la superstition voulaient opposer à son passage ; elle va marcher, elle va donner tout ce qu'elle pourra pour le bonheur des hommes et pour l'amélioration de leur Espèce. Voilà son rôle. D'ailleurs son heure est sonnée, ses travaux sont à l'ordre du jour de l'humanité ; il faut qu'elle progresse, il faut qu'elle avance dans le monde ; c'est un besoin de l'époque, une des nécessités de l'esprit de notre temps qui le veut ainsi.

Maintenant, qu'est-ce en soi que l'anthropologie comme science, et que peut cette science pour l'enseignement des beaux-arts? Voilà la double question à laquelle il importe de répondre et de répondre immédiatement.

I

Comme science naturelle générale, l'anthropologie, qui veut dire *science de l'Homme*, existe au même titre que les autres sciences des Êtres ; comme elles, elle a sa place marquée dans la Nature ; elle traite des caractères naturels de l'Homme et des hommes : comme la zoologie, science des bêtes, traite des caractères naturels de l'animal et des animaux ; comme la botanique, science des plantes, traite des caractères naturels du végétal et des végétaux. Seulement, les fondements sur lesquels reposent ces sciences sont trouvés, tandis que ceux sur lesquels doit reposer l'anthropologie ne le sont pas ; et c'est toujours quelque chose de fort difficile que le premier établissement d'une science, surtout lorsqu'il s'agit de la connaissance d'un Être aussi complexe, et, passez-moi le mot, aussi embrouillé que l'est l'Homme, où les parties de création naturelle sont constamment mélangées et confondues avec des parties ajoutées par la main même des hommes.

Voulez-vous un exemple de cette difficulté ? il sera pris dans les fondements de la science elle-même.

Les zoologistes ont pu faire tous leurs grands travaux avec les seuls animaux qu'ils ont trouvés à l'état sauvage dans la Nature ; les botanistes ont fait les leurs avec ceux des végétaux qu'ils ont vu croître sans le secours de la main de l'Homme, laissant pour un autre genre d'étude les animaux domestiques, les plantes cultivées. Pensez-vous qu'il en puisse être ainsi pour l'Homme? pour l'Homme qui ne vit qu'en société? qui ne prend bien ses développements qu'au sein de la société? et croyez-vous qu'il faudra rejeter de nos études naturelles un homme, uniquement parce qu'il est issu de la civilisation? Serons-nous toujours condamnés à n'en appeler pour nos travaux, qu'aux peuplades sauvages (comme certains anthropologistes le prétendent), quitte à n'avoir pour tous matériaux d'études que des races inférieures, des Êtres dégradés, des individus qui sont si loin de nous qu'on peut à peine les atteindre?

Cette rigueur de principe n'avait pas de gravité tant qu'elle ne frappait que sur les plantes et les bêtes ; mais du jour où l'on veut en faire l'application à l'Homme, elle ne tend à rien moins qu'à arrêter complétement la science. D'ailleurs, c'est partir d'un faux principe, puisque les hommes, vivant en société, se trouvent dans un élément qui convient à leur nature, qu'ils s'y développent, qu'ils s'y perpétuent, qu'ils s'y améliorent. L'Homme existe donc chez nous dans des conditions qui sont tout aussi bonnes que celles que l'on trouve dans la vie sauvage ; seulement il vit à un autre état et sous l'influence d'un milieu différent, ce dont on doit tenir compte.

Ne parlons donc plus de ce mauvais principe qui arrêterait la science et l'empêcherait d'être justement profitable à ceux des hommes qui nous touchent de plus près.

Pour ces motifs, Messieurs, je viens vous demander l'admission pure et simple de vos personnes dans les études anthropologiques, malgré le blâme qui m'en sera infligé ailleurs, si de votre côté vous n'y voyez pas d'obstacle, et si

*

vous vous sentez *assez naturels* pour faire une figure convenable dans nos études scientifiques.

J'irai même plus loin, je demanderai non-seulement votre admission personnelle, mais encore celle de tous les autres hommes qui, à des titres divers, se sont fait remarquer parmi nous et peuvent être cités comme des modèles de ce que la nature humaine a fourni de plus complet, de plus achevé ; les hommes célèbres, en un mot.

La difficulté ne consistera pour nous qu'en un point : savoir faire la séparation sur les hommes que nous observerons, des caractères qui sont des produits de la Nature, de ceux qui ont pu être ajoutés par l'action des hommes, ou l'influence du milieu social.

Nous chercherons ensemble, Messieurs, et sur nous-mêmes, ce que peuvent être nos caractères naturels et ceux qui ne le sont pas ; et c'est justement ce qui nous donnera la partie la plus intéressante de notre travail, tant au point de vue des caractères physiques qu'à celui des caractères intellectuels et moraux.

Ainsi, par exemple, lorsque je prendrai la forme et les proportions de votre corps, la forme et l'expression de votre visage, la forme et les variations de vos crânes, que nous chercherons à comprendre leurs différences, à en fixer les rapports, à en trouver les lois d'existence ou la raison d'être de chacune de leurs parties, il est évident que nous ferons là de la science naturelle, et tout aussi naturelle que si nous allions porter notre attention sur les conditions d'existence soit des Mincopies des îles Andaman, soit des Botocudos ou de tous autres peuples de l'Amérique du Sud ou de l'Océanie.

Tous nos caractères extérieurs et physiques sont des caractères naturels, importants à connaître et très-utiles à étudier, aussi bien au point de vue de l'art qu'au point de vue des études générales. Il n'y a que les caractères moraux qui soient de nature à nous égarer, à cause de l'action qu'exercent sur eux les effets de l'éducation et ceux de l'habitude.

Mais quand je prends la forme de vos yeux, de votre nez, de vos oreilles, de votre bouche, de vos pieds, de vos mains, de toutes les parties de votre corps, vous êtes obligé de reconnaître que c'est la Nature qui a mis tout cela en vous par l'entremise de vos parents et que vous n'y avez apporté, de votre fait, qu'une bien faible part de modification.

Il en sera de même de vos dents, de vos ongles, de vos cheveux, de votre barbe, comme aussi des moindres parties de plis ou de rides de votre visage. Et s'il arrivait à quelqu'un d'entre vous, pour sa chevelure ou pour sa dentition, par exemple, d'y introduire quelque chose de factice, quel est celui qui s'y laisserait prendre?

Vous voyez donc, Messieurs, que l'anthropologie peut très-bien s'établir au milieu de nous, y fixer ses études, sans crainte de s'égarer; qu'elle peut même y prendre toute l'importance d'une science d'utilité et d'application.

Que de plus, et ici je puis le certifier, elle ouvre, à celui qui s'y livre, un champ d'observation qui est tellement vaste, que l'on y voit toujours matière à s'instruire. Voilà plus de trente ans que pour mon compte je fais ce genre de travail, et j'y ai rencontré, sans même avoir eu besoin de quitter la ville, les plus délicieuses jouissances que puisse procurer à un homme la culture d'un travail de l'esprit.

Du reste, il est un fait que vous reconnaîtrez bientôt, en abordant nos études si riches et si variées de l'anthropologie, c'est que ces études donnent naissance à deux ordres d'idées, deux courants de travaux qui sont tout à fait opposés l'un à l'autre :

L'un qui consiste à prendre l'Homme en anatomiste et à l'étudier dans son organisation, sa structure animale, ses caractères d'infériorité, son retour vers la bête ; à l'observer aussi en archéologue et à le prendre dans sa vie passée, ses origines, son apparition sur le globe et jusque dans les lois de sa formation ;

L'autre mode d'étude, au contraire, nous mène à voir l'Homme tel qu'il est, tel qu'il se présente au milieu de nous, dans sa vie, dans ses formes, dans ses mouvements ; comme aussi dans ses caractères élevés, dans son côté supérieur et exceptionnel, le côté par lequel il montre qu'il peut s'améliorer et se perfectionner.

Ces deux aspects de l'Homme sont bien ce qui en doit constituer la science. Espérons que de leur étude commune et de la rivalité des deux écoles il sortira quelque chose d'utile et de bon pour les hommes, ainsi que pour la solution de tant de grands problèmes sociaux qu'on cherche si péniblement ailleurs, et dont le critérium réside certainement dans une connaissance plus étendue et mieux comprise de la nature humaine.

II

Maintenant je ne pourrai pas, dans les quelques conférences que nous allons avoir ensemble, m'arrêter beaucoup à toutes les parties d'étude sur lesquelles j'ai obstinément consumé mes veilles ou dissipé mon temps ; je ne dois réellement m'occuper que de ce qui est contenu dans mon programme, quoique je trouve intéressant de mentionner ce que j'en ai retranché, et pourquoi je l'ai retranché.

Ainsi, par exemple, je ne ferai pas d'étude cette fois sur le grand principe de transmission et de reproduction des Êtres, ni sur les caractères immuables qui, au milieu de ces réformations continuelles d'individus, persistent toujours si fidèlement pour la conservation de l'Espèce.

Je ne parlerai pas non plus des observations que j'ai faites sur la question des *Alliances et Mésalliances naturelles*. Question d'une grande importance pour le perfectionnement de l'Espèce humaine, et qui, si elle était bien comprise, bien pratiquée, contribuerait puissamment aussi à la bonne constitution des familles et au bonheur réciproque des individus. Mais ce sujet était trop de l'ordre moral, j'ai dû l'abandonner, au moins pour le moment.

Il est également inutile pour les arts de vous entretenir des études auxquelles je me suis livré pour la distinction des *Races factices*, qui se forment actuellement au sein de la société par un séjour trop prolongé dans les villes, l'abus du régime industriel, la trop grande différence des professions. Ce sujet a trop de gravité, il touche trop directement à l'organisation nouvelle de la vie des sociétés, pour être abordé dans un enseignement comme celui-ci. Il trouverait mieux sa place dans un travail d'économie sociale ou de philosophie anthropologique.

Enfin je dois aussi abandonner, et à mon grand regret, un autre point d'étude qui a toute ma vie tenu mon attention en arrêt, et qui deviendra plus tard un sujet de travail excessivement remarquable pour celui qui s'y livrera tout entier : je veux parler de la question des *Ressemblances naturelles* que l'on rencontre dans les familles et qui tiennent à la parenté, question que tout le monde connaît, et que personne ne s'est occupé d'approfondir. Je la poursuis de l'attention la plus opiniâtre depuis trente ans, et je suis arrivé à découvrir des moyens assurés à l'aide desquels on peut, aidé aussi d'autres indices que fournit la science, parvenir à reconstituer une paternité perdue. Le fait est moralement trop grave pour que je puisse l'aborder publiquement dès le début de ce cours, et ce que j'énonce ici est tout ce qu'il en sera dit. Mais j'ai acquis la conviction pour moi, et vingt exemples peuvent l'attester, qu'en présence d'un enfant nouveau-né et de deux hommes examinés pour retrouver le père, il est possible, à l'aide des éléments donnés par la Nature, de reconnaître celui qui a été le géniteur de l'enfant; et ce travail d'expertise peut se faire avec le même degré de certitude que celui que l'on fait quand il s'agit de reconnaître l'auteur d'une œuvre d'art ou d'une page d'écriture, où l'on voit des experts en titre déclarer, avec toute l'autorité que leur donne l'habitude : Ce tableau a été fait par tel maître, et non par tel autre : Ce testament a été écrit par cette main et non par cette autre main.

Vous comprendrez facilement, Messieurs, les raisons de haute convenance qui m'ont fait rayer de mon programme de pareilles études, surtout cette dernière, dont les conséquences seraient d'un effet tel que nos mœurs, comme nos lois, refuseraient d'en admettre l'application.

Maintenant je dois plus particulièrement réserver les quelques explications que j'ai à donner pour les parties d'études qui vont faire le sujet réel de nos entretiens, surtout les points les moins connus et ceux qui nécessitent le plus de développements.

Je place d'abord au premier rang de ces travaux la grande question de l'étude générale des formes, dans les trois règnes de la Nature; la forme étant la base de l'étude des Êtres et le principe fondamental sur lequel repose tout enseignement du dessin.

Nous joindrons à l'étude des formes une étude aussi des couleurs, examinées dans leur emploi chez les hommes, les animaux et les végétaux ; vous pourrez juger par là du rôle que jouent ces deux principes dans la caractéristique des Êtres. Peut-être y trouverez-vous facilement aussi la solution du grand problème, tant controversé, de la couleur et du dessin dans la peinture ; les lois étant les mêmes pour la Nature et pour l'art, et l'artiste n'ayant nulle raison de procéder autrement dans ses œuvres que ne l'a fait lui-même l'auteur suprême de toutes les choses.

Nous ferons un examen général des caractères comparés, de forme et d'organisation, dans l'Homme et dans toute la série des Êtres, tantôt en partant de l'Homme lui-même et en descendant jusqu'à l'Être le plus imparfait et le plus élémentaire, tantôt en remontant de l'animal le plus bas placé dans l'échelle jusqu'à l'Homme. Vous verrez que toute cette étude ne présente qu'une longue suite de groupes placés en séries naturelles, à ce point que, pour les vertébrés, par exemple, quand nous irons de l'Homme jusqu'au dernier des poissons, et passant par les quadrupèdes, les oiseaux et les reptiles, nous trouverons un tel enchaînement de rapports, de ressemblances, qu'on pourrait supposer, tant cette liaison est bien établie, qu'on étudie seulement les variations et les dégradations d'un seul et même individu.

Ceci nous conduira à établir les caractères propres à l'Homme et à les distinguer de ceux qu'il possède en participation avec les animaux. Par cette étude nous pourrons empêcher qu'à l'avenir nos artistes ne commettent plus la faute grossière qu'on rencontre même parmi les chefs-d'œuvre des plus grands maîtres, et qui consiste à prêter aux animaux des caractères de forme et d'expression qui n'appartiennent en propre qu'à l'Espèce humaine et qui sont le privilége exclusif de sa nature élevée.

Peut-être aussi, si le temps dont nous disposons nous le permet, nous livrerons-nous à un autre genre de critique des conceptions de l'art: ce sera une analyse rationnelle des êtres fabuleux que l'art a produits; et vous reconnaîtrez avec moi que nos artistes anciens n'ont pas toujours été bien inspirés en produisant ces êtres hybrides, qui ne sont le plus souvent qu'un assemblage d'éléments tout à fait contraires et impossibles à concilier. Nous ne voulons pas, par cela, restreindre le domaine de la poétique et de l'imagination chez l'artiste; mais nous pensons qu'une meilleure connaissance des principes d'organisation n'est pas chose nuisible, même pour la formation d'êtres qui sont purement imaginaires.

Après avoir étudié les animaux naturels dans leur ensemble, nous nous attacherons à l'étude spéciale de ceux qui sont les plus utiles à l'Homme, et que l'Homme a élevés et formés pour lui-même. Nous tâcherons de nous rendre compte, dans cette étude, des caractères de modifications, améliorations ou altérations que ces animaux subissent sous l'influence du régime de domesticité. Nous comparerons les moyens mis en usage par les hommes pour améliorer leurs animaux, avec ceux qu'ils emploient pour s'améliorer eux-mêmes. Et peut-être trouverez-vous que la comparaison est toute à l'avantage des bêtes. Enfin cela nous amènera à l'étude des races.

Grande question que celle-là : l'*Étude des Races;* nous la prendrons et nous la décrirons telle qu'elle est admise, sans rien y ajouter, sans rien en retrancher. Et vous verrez, Messieurs, que cette étude, si intéressante, n'est nullement avancée, par cette raison que les artistes ne s'en sont pas encore emparés, et qu'il n'y a que des hommes qui dessinent qui puissent nettement trancher les questions de forme chez les Êtres vivants.

Nous irons plus loin encore, nous montrerons que, malgré tout le bon vouloir des hommes de science, l'étude des races humaines n'est pas tout à fait de leur compétence; et ce qui le prouve, c'est que chacun a son système et qu'on n'aboutit pas. Ils prennent tantôt la question par en bas, quand il serait mieux de la prendre par en haut; tantôt par la couleur, quand on devrait la traiter par la forme; par le squelette seul, quand c'est principalement par les parties vivantes que les hommes se distinguent. Ils ne savent ni choisir ni composer les éléments d'un type. C'est ce qui fait que leurs essais de musées anthropologiques ne sont, le plus souvent, qu'un assemblage ou de crânes seulement ou de débris humains tellement informes, tellement défigurés, qu'on peut à peine les consulter. Pourquoi ne nous représentent-ils pas tout de suite les hommes à l'état d'empaillés, comme des quadrupèdes ou des reptiles, ou en conserves alcooliques, comme les poissons et les mollusques. Non, ce n'est pas ainsi qu'on doit traiter l'Être humain, sa nature commande de meilleurs procédés et plus de respect. Aussi ce ne sera que du jour où l'on aura construit un monument spécial, dirigé par de savants artistes, que l'on pourra avoir un véritable musée des races humaines, formé de bonnes œuvres de sculpture et de peinture donnant les spécimens les plus complets, les représentations les plus exactes de chacune des races; car nulle race ne peut exister sans présenter à l'esprit ce que demandait Gœthe : un idéal de sa perfection; et toute variété humaine qui ne peut fournir un prototype d'elle-même n'est pas digne du nom de race, et ne doit être considérée que comme le dernier reste de quelque peuplade dégradée ou abâtardie.

J'appellerai aussi votre attention sur un sujet de moindre étendue, mais dont le travail sera plus facile pour moi et l'utilité plus immédiate pour vous : je veux parler de l'étude des peuples qui ont joué un rôle important dans l'histoire de l'humanité, et sur lesquels il nous reste soit des successeurs vivants, soit des monuments de l'art pour nous les rappeler.

En tête de ligne pour l'Europe viendra se placer le peuple ou les peuples qui ont concouru à la formation du type que nous appelons *le type grec*. Nous rechercherons sur quels fondements on s'est établi pour créer ce type admis dans les arts comme représentant l'idéal de la plus grande perfection humaine.

Nous irons également à la recherche du type des anciens Romains, ces hommes qui, par leur courage et leurs vertus, sont parvenus à constituer le plus vaste empire qui ait passé sur le monde. Nous verrons ce qu'il nous reste de ce type et ce qu'on en peut reconstruire, soit à l'aide des monuments de l'art, soit avec la population vivante.

Nous aurons encore un autre grand peuple à passer en revue dans cet examen ethnologique : c'est le peuple juif, qu'on retrouve partout et dont il nous faudra examiner toutes les modifications qu'il a subies sous l'influence des divers climats où il vit encore. Il y a là un sujet d'étude bien digne de fixer l'attention de l'artiste observateur et de l'ethnographe naturaliste.

Tout cet ensemble d'études sur les peuples qui se sont élevés à un haut degré de perfection, nous conduira à une autre partie d'étude sur laquelle je serai obligé de tenir votre attention en éveil pendant plus de deux séances.

Je veux parler des caractères principaux que donne la figure humaine et des diverses modifications qu'elle peut subir, dans sa forme comme dans son expression. Vous verrez en raison de quelles lois cette partie si importante de nous-mêmes présente tant de variétés et parvient à constituer le côté fondamental de notre véritable individualité.

Nous nous arrêterons longtemps aussi sur l'ensemble des caractères que fournissent les crânes, surtout les fronts, étude également fort curieuse et fort attachante. Nous verrons s'il n'existe pas, dans certaines formes du cerveau, des traces visibles à l'extérieur de nos dispositions originelles. C'est un sujet qu'on a beaucoup discuté de notre temps et qu'il importe d'examiner avec soin pour savoir une bonne fois ce qu'il peut donner.

Mais le sujet qui excitera au plus haut degré mon attention sera *la Figure humaine*. Je professe pour cette partie de nous-même un véritable sentiment de prédilection, et qui est tellement prononcé, que vous le trouverez sans doute exagéré. Il va plus loin que l'admiration ; c'est un culte, une vraie passion pour moi. Où trouver en effet sur terre quelque chose de plus parfait, de plus admirable à observer que la figure de l'Homme ? où rencontrer une surface d'une aussi petite dimension, qui présente un aussi grand nombre de merveilles rassemblées sur un seul point ? L'œil seulement, l'œil avec ses quelques centimètres de circuit... Pensez à ce que peuvent recevoir, à ce que peuvent rendre en expression deux yeux humains. — Que d'yeux ont fait les délices de ma vie ; que d'instants heureux je leur ai dus ! — Ah ! faites des portraits, messieurs les peintres ; faites-les en chassant toute vilaine pensée mercantile ; faites-les par amour de l'étude, et vous verrez ce qu'on peut éprouver de ravissement en contemplant ce chef-d'œuvre des chefs-d'œuvre.

Nous partirons de là pour rechercher si nous ne pourrions pas trouver les vrais fondements de ce qui constitue, dans l'Espèce humaine, ce qu'on nomme *laideur* et ce qu'on appelle *beauté*. Nous verrons si l'on peut examiner cette question scientifiquement et si, en dehors de toute idée préconçue, de tout préjugé d'origine, il est possible d'établir les principes de la beauté sur des règles de proportion et sur des caractères de forme, en tenant compte toutefois des différences de sexe, d'âge, de race, de temps et de lieu, car un sujet comme celui-ci, où le sentiment prédomine, est bien délicat à traiter et ne doit être touché qu'avec les plus grands ménagements.

Un nombre considérable d'auteurs ont déjà écrit sur ces matières : je ne parle pas des poëtes, ils ne peuvent rien nous apprendre ; mais des artistes véritables, des hommes qu'on peut prendre au sérieux. Nous ferons un examen critique de leurs travaux ; et comme nous y joindrons l'étude des proportions du corps et celle des mensurations du crâne, nous verrons ce que sont ces proportions avec Polyclète et les autres statuaires de l'antiquité, comme aussi parmi les hommes plus rapprochés de nous, avec Léonard de Vinci, Léon Alberti, Lomazzo, Alb. Durer, Salvage et Silbermann.

Les crânes, nous les étudierons principalement avec Blumenbach, Camper, Retzius, Morton, et aussi avec MM. Pruner-Bey et Broca ;

Les physionomies, avec Dumoulin, Battista della Porta, Lebrun, de la Bellière, Cardani, Hogarth, Rubéis, Gratiolet, et MM. Duchenne (de Boulogne) et Delestre.

Mais les deux hommes qui devront occuper le plus fortement notre attention ce sont Lavater et Gall ; non-seulement parce qu'ils sont les plus connus, mais aussi parce qu'ils ont poussé leurs sujets d'étude plus avant que les autres, et qu'ils ont eu sur l'esprit d'observation de notre temps une influence considérable.

Nous les étudierons avec soin, et vous verrez comment ces deux grands hommes, partis d'abord d'une idée juste, sont arrivés jusqu'à l'absurde en forçant leur sujet, en s'obstinant à vouloir lui faire rendre plus qu'il ne pouvait donner, au point qu'aujourd'hui ils sont presque complétement abandonnés l'un et l'autre après avoir été pendant la première partie de ce siècle l'objet d'un engouement très-grand et d'une admiration presque générale. Il y a eu beaucoup d'injustice et d'exagération dans tout ceci en bien et en mal. Ces deux hommes n'en mériteront pas moins une place importante dans l'histoire des études de l'Homme.

Il existe encore beaucoup d'autres naturalistes, anatomistes, médecins qui se sont occupés de ces questions *du crâne, du corps et de la figure de l'Homme*; mais leurs travaux n'ont pas toujours été faits de façon à pouvoir nous être utiles : ils voient trop généralement les choses du mauvais côté, et l'Homme, dès qu'ils le trouvent beau, sain, robuste et bien portant, il semble qu'ils ne veulent plus s'en occuper. Il faut, pour fixer leur attention, des maladies à combattre, des vices à réformer. Et pourtant ces savants ont fait, dans notre siècle surtout, des travaux immenses, des publications excessivement remarquables et pour lesquelles, je dois le dire à la louange de tous, nos artistes leur ont été du plus grand secours.

Tout ce qu'on peut tirer comme conclusion de leurs études anatomiques et physiologiques, pour nous, pour notre usage personnel dans cet enseignement, c'est un fait important,

capital, défini par Bichat, et que nous exposons de la façon
la plus brève par ces quelques mots :

Il existe dans l'Homme deux principes de vie, et non un seul
comme on pourrait le supposer : une vie interne ou organique
qui réside dans notre corps et dont nous jouissons tous, tant
qu'elle dure, sans avoir jamais besoin de nous en occuper. Cette
vie est la même que celle que l'on trouve dans le végétal. On la
nomme à cause de cela : — *vie végétative ;*

Et une autre vie, plus externe, dont le siége est au cerveau,
et de laquelle nous avons la disposition pleine et entière. Ils l'ap-
pellent, par opposition à l'autre : — *vie animale.*

C'est celle-ci qui détermine l'individu et lui donne ses caractères de forme.

L'une de ces deux vies sera celle qu'étudiera la médecine.
Et l'autre, bien qu'on ne l'avoue pas, est celle dont l'étude
appartient à l'artiste, celle enfin dont nous allons nous occuper dans toutes les parties de ce cours.

III

Voilà l'exposé de l'ensemble des travaux auxquels nous
allons nous livrer ; et si mes forces ne me trahissent pas,
si mon désir de bien faire ne me fait pas illusion sur la
valeur de mes faibles moyens, si surtout je me sens se-
condé par votre attention bienveillante, je crois que nous
pourrons tirer de là quelque chose d'utile pour l'art et surtout pour la fixation de ses grands principes qu'on semble
abandonner aujourd'hui.

Je ne veux pas faire la critique de notre époque et dire
pour cela que l'art soit en décadence et qu'il attende après
nous pour se relever d'une chute ; non, il y a des mots qu'on

ne doit pas prononcer. L'art ne saurait déchoir, en France surtout, avec le nombre d'artistes éminents qui le pratiquent ; mais depuis qu'un système de liberté sans limite a ouvert les portes à tous les déréglements de l'imagination, l'art, laissé sans guide, ne sait plus bien où il va ; il tâtonne, il hésite, il flotte incertain entre un flux et reflux d'opinions contraires ; il semble en être encore à chercher sa voie. Et où peut-il mieux la trouver qu'au sein de la Nature même, et de la Nature réglée par la science, basée sur les lois immuables de l'œuvre de Dieu et fixée par les grands principes d'organisation de la vie des Êtres.

L'art, tel qu'on le pratique aujourd'hui, marche bien dans la voie de la Nature, c'est évident ; mais quelle nature parfois !... à quelles reproductions, à quelle basse trivialité ne le fait-on pas descendre ! — Et l'Homme ! quelle image nous en donne-t-on, grand Dieu ! quelles études ! — Et le public ! à quels sentiments..., à quels instincts plutôt n'ose-t-on pas faire appel ! Non, ce n'est pas ainsi qu'on élève l'art et qu'on pratique l'étude de la nature humaine.

L'Homme est par sa nature un Être essentiellement variable ; il subit toutes les influences du temps. Prenez-le seulement dans sa valeur morale, et vous le verrez monter et descendre comme une véritable échelle barométrique. Tantôt il va atteindre à un degré de perfection qui nous saisit d'étonnement et nous transporte d'admiration ; tantôt il va descendre à un état d'avilissement et de dégradation qui surpasse tout ce qu'on peut concevoir de la bestialité de l'animal le plus brute.

L'art doit donc compter avec ces différences et les suivre, les noter ; au moins l'art supérieur, l'art élevé, il doit repousser de lui tout ce qu'il trouve indigne d'être représenté, s'il veut surtout agir d'après quelques principes ; car s'il ne le veut pas, il se dégrade, il s'annule à son tour comme fait l'homme dans la vie ; il le suit, il l'accompagne dans l'état d'abaissement et d'avilissement dont je viens de parler.

Vous voyez donc, Messieurs, que ce ne sera qu'en nous montrant l'Homme relevé dans sa nature complète, relevé dans ses formes, relevé dans ses mouvements, ses goûts, ses actions, ses sentiments, que l'art se relèvera lui-même et que l'artiste atteindra au suprême mérite. C'est par ce côté-là, et ce côté-là seulement, qu'il se constituera un talent réel, un talent qui dure, un talent qui peut prendre rang de chose utile dans une société vraiment en progrès.

Il est encore une autre sorte de service que l'artiste pourra rendre en agissant comme je le dis, ce sera de servir la science en même temps qu'il servira l'art ; car si au temps où nous vivons un réalisme ignoble menace de rabaisser les arts en les faisant redescendre tous aux grossiers éléments de leur formation, le même danger menace aussi la science en rabaissant l'Homme, en ne sanctionnant, en ne montrant de lui, comme vrai et comme bien, dans l'ordre physique, que nos portions animales ; dans l'ordre moral, que nos instincts de besoin.

Les matérialistes de la science et les réalistes de l'art sont les mêmes hommes. Voilà un fait d'observation que je tiens à constater dès le début ; et ce que je dis là, je le dis évidemment sans intention de nuire à des savants dont j'apprécie les travaux. Mais étudiez-les ces hommes, observez-les, voyez leurs actes, voyez leurs traits, voyez leur cerveau, et vous reconnaîtrez bien vite qu'ils ont la même nature, les mêmes goûts, les mêmes tendances, la même manière de voir, de comprendre, de sentir..... ou plutôt..... de ne pas sentir du tout, car ce qui les distingue avant tout des autres hommes, c'est une complète insensibilité en

toutes choses et le don superbe de faire, de ce défaut émi-
nent, une qualité qui leur soit propre.

Les uns et les autres ils n'admettent pour vrai que ce
qu'ils comprennent, et tout ce qu'ils ne comprennent pas
dans leur fière nature, mais forcément bornée, ils en nient
l'existence, comme si quelque chose pouvait exister sur
terre sans leur permission. — Ils n'ont pas de sentiment,
ils nient le sentiment; ils n'ont pas la poésie dans l'âme,
ils nient la poésie comme ils nient l'âme; ils n'ont pas le
génie qui fait l'Homme vraiment grand, ils le nient; comme
ils nient l'inspiration qui fait l'art, et l'imagination tout
entière qui fait le charme de la vie, et tout le bonheur de
la créature humaine.

Il n'est pas jusqu'au principe créateur de toutes choses
dont ils ne nient aussi l'existence, et qu'ils ne ramènent à
l'état d'une simple force brute, semblable à celle qui dirige
nos fonctions respiratoires ou digestives.

Et tenez, voulez-vous d'un seul coup vous rendre compte
de ce que font ces esprits-là pour notre science de l'Homme?
Un mot, un seul exemple va vous le faire comprendre :

Un jour vous vous êtes dit, dans un moment d'extase et
de folle admiration de vous-même, que l'Homme avait été
fait à l'image de Dieu; c'était bien pardonnable, ne trou-
vant rien sur terre de plus parfait et de mieux coordonné
que lui. — Eh bien, non! il n'en est rien pour ces cher-
cheurs du contraire : ce n'est pas à l'image de Dieu que
vous avez été formés, c'est à l'image du singe... et sans
aucune participation possible de l'action de Dieu.

Voilà ce qu'ils ont trouvé, voilà ce qu'ils ont découvert,
ces détracteurs de l'Homme qui passent pour le servir, ces
savants d'un progrès qui, au lieu d'avancer, retourne toujours en arrière.

Et cela ils le déclarent sans preuves, notez-le bien, sans aucuns faits nouveaux à l'appui. — Quelle démence! — Comme si l'on pouvait faire que l'Homme ne soit pas toujours l'Homme et le singe toujours le singe!...

Ah! nous voici bien loin de ce qu'on nous a enseigné à nous autres artistes; nous voici éloignés, après plus de deux mille ans écoulés, des grandes conceptions antiques de l'Apollon instruisant le monde, ou du Jupiter lançant ses foudres; parlez donc maintenant de vos chefs-d'œuvre de l'art, ou des merveilles de la poésie devant de pareils barbares.

Vous aurez donc à combattre, comme artistes et comme hommes, cette doctrine doublement mauvaise, et vous la combattrez, parce qu'elle ne sait rien créer, et qu'elle ne fait que détruire; ce sera votre but, votre rôle sur cette terre; et le moyen dont vous vous servirez pour remettre sur pied et faire marcher droit et ferme tout ce qui est grand, tout ce qui est noble, tout ce qui est réellement beau; et quand vous aurez fait cela, vous verrez comme votre nature grandira, et ce que vous aurez acquis d'énergie, de force et de puissance.

IV

Messieurs, je vais terminer, et terminer par quelque chose qui va ressembler à une flatterie, et une flatterie à votre intention, quoique ce ne soit que l'expression bien vraie de ce que je pense. J'aime l'artiste, je l'aime par mes goûts et par amour pour l'étude que je fais; je l'aime parce qu'il me représente bien ce qu'est l'Homme naturel au sein de la société, avec ses qualités, comme avec ses imperfections natives. Etre indépendant et libre au milieu d'hommes qui ne le sont pas, homme sans rang, sans classe à côté d'autres qui vivent tous rangés et subordonnés les uns aux autres, il vit bien seul, par lui et pour lui, sans prendre nul souci des conventions de notre régime social. Aussi, à cause de cela, si j'avais quelqu'un à prendre pour type d'une description scientifique de l'Homme naturel, l'Homme comme on doit comprendre que Dieu a voulu le former, c'est l'artiste que je prendrais, mais l'artiste dans ce qu'il a de plus étendu et de plus complet.

Trouvez, en effet, parmi les êtres que la société nous donne et qu'elle améliore, un homme qui ait moins d'erreurs dans l'esprit, moins de choses faussement apprises, que l'homme qui dessine ou qui peint par exemple. Est-ce l'homme qui parle, l'homme qui écrit, ces deux hommes qui ne rendent leur pensée qu'à l'aide de signes factices, et qui vivent dans un état de perpétuelle contradiction les uns avec les autres? — Est-ce l'homme du sentiment pur, le poëte, le musicien, le romancier, que sais-je?... — tous ces êtres qui ne nourrissent leur pensée que de vaines ombres, et qui, ne voyant toutes choses que par le miroir grossissant de leur imagination, dépassent toujours le but.

Ne disons rien de ceux qui ne sont pas leurs maîtres, et qui vivent sous une dépendance hiérarchique qui altère en eux tout principe d'individualité. Mais parmi les hommes libres, les hommes qui ne procèdent que de leur volonté, qui prendrons-nous? — Le savant, l'homme de la plus pure science, c'est bien l'antagoniste de l'artiste celui-là; mais en est-il plus parfait, lui qui ne voit la Nature qu'à l'état de chose et de machine, de mécanique ou de système, et qui, personnellement, n'entre en rapport avec le monde extérieur que par un seul côté de lui-même : par l'intelligence, jamais l'autre côté ! jamais le sentiment !... — Aussi quand il n'est pas pourvu d'un vaste génie qui fait jaillir malgré lui sa puissante individualité, que devient-il le plus souvent ? — Livre qu'on ouvre, catalogue que l'on consulte, pièce et partie d'un grand tout, d'un tout sublime, que nous appelons — LA SCIENCE — mais qui, en le subjuguant, en l'absorbant tout entier, lui fait perdre toute valeur de personne, tout caractère d'originalité.

L'artiste ne descend jamais jusque-là, il est bien lui, toujours lui, même quand il ne fait pas de l'art. Il retournerait vers la bête humaine dont il est sorti, comme l'ignorant, comme le sauvage, plutôt que de quitter l'état réel de sa nature. Mais quand il se développe, comme il vit bien dans toute l'expansion de ce qu'il est, dans son esprit, dans ses sens, dans son sentiment ! S'il voit juste tout ce qui l'entoure, s'il sent finement tout ce qui l'approche, c'est que sa nature est bien complète. Il peut ne pas avoir un très-grand nombre d'idées entassées dans son cerveau, mais elles sont toutes bonnes, toutes exactes, parce qu'elles sont bien toutes de lui, qu'elles lui sont bien venues à lui, et d'elles-mêmes sans avoir été apprises. Il ne sait rien par convention et par système, et n'apprend à penser, quand il l'apprend, qu'après avoir senti, et quand seulement il en éprouve le besoin ; aussi, chaque fois qu'il lui arrive de pouvoir se rendre lui-même intelligent et instruit, nul ne le surpasse en perfection humaine. C'est pourquoi j'en ferai un jour mon type de l'homme naturel que je dois décrire. Mais l'homme supérieur, entendons-le bien, l'homme complet, l'homme de l'anthropologie véritable, non l'Être avili et dégradé qu'on recherche partout ; non cet idéal stupide et brute, que je ne sais quel résumé zoologique et médical veut nous donner à sa place.

Voilà ce que je tenais à vous dire, Messieurs, et en con-
fidence, tout bas, entre nous, pour ne pas blesser les autres
hommes et ne pas me heurter trop violemment à des opinions admises : c'est si embarrassant de parler, quand on dit
autre chose que ce que les autres ont dit... Vous voyez que
j'aurai besoin de vous, et que, dans les études que nous
allons faire ensemble, vous aurez souvent à vous prendre
pour modèles. Ainsi il faudra vous apprendre à vous étudier vous-mêmes. C'est de cette façon qu'on procède toujours en véritable observation scientifique : on commence
par expérimenter sur soi, avant de penser à vouloir opérer
sur les autres.

L'art va donc sortir victorieux de la lutte qui se prépare,
au moins j'ose l'espérer ; il va se fortifier et reprendre la
place qui lui appartient, ce grand art du dessin, qu'on
traite si facilement en métier, parce qu'on le confond
toujours avec les indignes travaux qui se font autour de
lui ; art sublime, art divin, le premier de tous les arts et
qu'on place le dernier ; lui qu'on n'a pas jugé digne de
figurer dans un enseignement général à côté des sciences,
à côté des lettres, bien qu'on n'ait pas à lui reprocher
ce qu'on reproche à la parole et à l'écrit. Mais vous le re-
lèverez, Messieurs, pour votre honneur, et pour l'honneur
aussi de la grande école nationale dont vous serez tous
sortis. Vous lui ferez reprendre son rang dans notre société
grandissante, parce que sans lui il n'est pas de grandeur
possible chez les hommes, pas de bonheur même, pas de
vraie civilisation.

L'art n'est pas une chose finie, Messieurs, ne l'oubliez-
pas : il ne fait que commencer le rôle qu'il est appelé à
jouer dans le monde. — A-t-il été fini, quand Phidias et
les grands statuaires de l'antiquité ont cessé de produire ?

— Non. Raphaël et les autres grands maîtres de la Renaissance l'ont bien prouvé. — Il n'est pas non plus fini à cette heure que ces grands artistes ont disparu. Dieu et son œuvre subsistent toujours; et il y a, vous le savez, plus d'éléments de grandeur et de richesse dans la Nature, quelle qu'elle soit, que dans les œuvres réunies de tous nos artistes. Que sera-ce donc plus tard, quand le génie interviendra, et que l'Homme sera monté, degré par degré, au fait de la perfection qu'il doit atteindre, aidé par vos études et placé sous l'égide sacrée de la science.

La lecture de ce discours a été précédée de quelques paroles de remercîment adressées à l'administration, et principalement à M. le surintendant et à M. le directeur de l'École, pour la manière toute gracieuse avec laquelle ils ont accueilli et favorisé l'ouverture de ce cours.

Ce cours a été fait en douze leçons, le dimanche, pendant les mois de juin, de juillet et d'août, et malgré les chaleurs de l'été il était suivi par un nombreux auditoire.

Nous devons dire, pour les personnes qui ont paru s'intéresser à ces études, d'un ordre tout nouveau pour le monde des arts, que ce cours sera prochainement publié avec la reproduction de tous les dessins qui ont été esquissés au tableau.

De plus, le professeur a laissé entrevoir à ses auditeurs, en leur faisant ses adieux dans la séance du 22 août, le ferme espoir qu'il avait de se retrouver au milieu d'eux l'année suivante.

M. Rochet croirait manquer aussi à tous ses devoirs s'il ne profitait de cette occasion pour remercier publiquement les membres de la presse, qui lui ont prêté un appui si bienveillant en faisant connaître chaque fois la conférence du jour, et en initiant, par là, le public aux premières données d'une science qui est tellement peu connue, que le plus grand nombre n'en soupçonnaient pas même l'existence.

Septembre 1869.

Paris. — Typographie HENNUYER ET FILS, rue du Boulevard, 7.

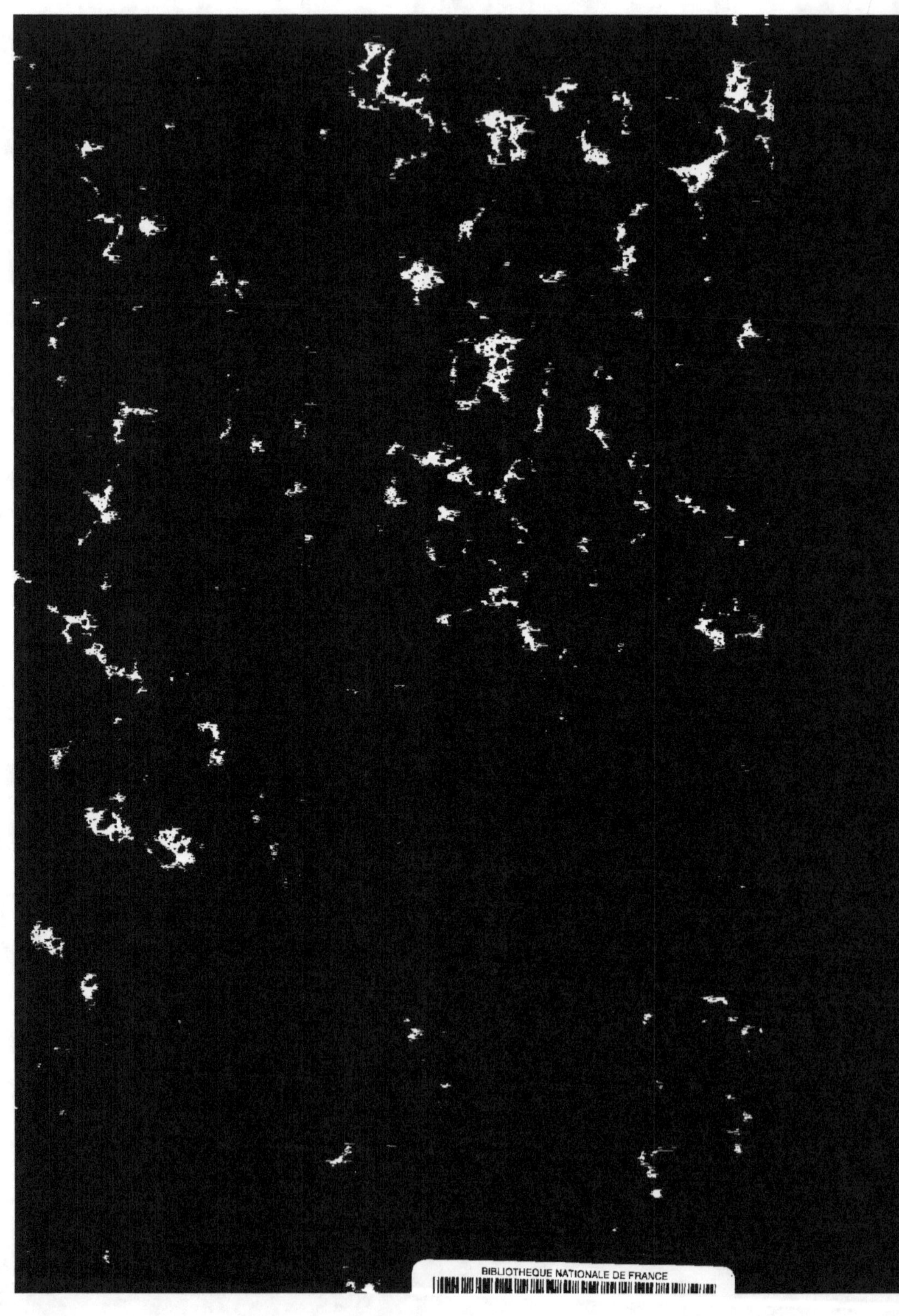